L'ÉGLISE

DU

SAINT-SÉPULCRE

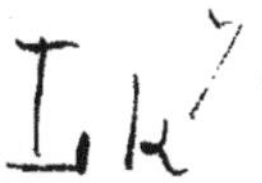

L'ÉGLISE

DU

SAINT-SÉPULCRE

D'ABBEVILLE

PAR

E. PRAROND

PARIS | ABBEVILLE

CHEZ DUMOULIN | CHEZ PREVOST

QUAI DES AUGUSTINS | RUE DES LINGERS

1872

L'ÉGLISE DU SAINT-SÉPULCRE

D'ABBEVILLE.

VIEUX TEMPS.

La tradition qui n'a rien d'invraisemblable (bien au contraire), tradition recueillie et écrite depuis longtemps, veut que la fondation de l'église du Saint-Sépulcre remonte à la première croisade et soit à la fois un souvenir de Godefroy de Bouillon à Abbeville, du départ des Croisés et du but sacré de leur entreprise.

Cette tradition, nous l'acceptons volontiers, en raison de toutes les présomptions qui l'appuient, en raison de l'époque reculée de la construction de l'église, et (Godefroy n'eut-il été pour rien dans ce nom, le *Saint-Sépulcre*) en raison simplement de cette date voisine à

coup sûr de la première entreprise des croisades qui
emportait toutes les imaginations vers le tombeau de
Jésus-Christ.

Il fut donc un temps où l'église du Saint-Sépulcre
s'éleva dans un terrain vide, cultivé ou livré au pâ-
turage ; dominant, d'un côté (à l'ouest), l'enceinte
encore lointaine de la ville ; dominant, d'un autre (au
nord), le cours du Scardon et les sources s'échappant
du terrain qui devint vers la même date celui de Saint-
Pierre ; dominée à l'est par le bois qui devait être un
jour le bois communal, le bois des chanteurs, des
jongleurs, des exercices et des revues d'armes ; enfin
regardant au sud la plaine vide encore où devait se
dresser la cour Ponthieu (le château des comtes).

Le P. Ignace dit peu de chose de L'ÉGLISE DE SAINT-
SÉPULCRE, si ce n'est que le premier dessein de la construire fut donné par Godefroy de Bouillon (1), lors de
l'assemblée à Abbeville des seigneurs qui devaient l'accompagner en terre sainte, à la conquête du saint sépulcre de Jésus-Christ. Que le premier dessein ait
appartenu ou non à Godefroy, il est raconté que Guy,
comte de Ponthieu, érigea l'église en souvenir du séjour
des croisés, au lieu même où le généralissime et les
« princes » qui l'accompagnaient avaient planté leurs
pavillons (2).

Ce ne sont là que des traditions.

Nous ne tiendrons aucun compte des affirmations sans
nul point d'appui, sans nulle autorité, de Formentin.

(1) Opinion très-contestable.
(2) M. Louandre. *Hist. d'Abb.*, tom. I, liv. II, chap. I.

Ces affirmations sont pures fantaisies, comme beaucoup
trop de celles qui émaillent la partie de son recueil
relative aux comtes de Ponthieu. L'historien de science
facile a eu entre les mains, pourrait-on croire, la lettre
de convocation envoyée par Godefroy de Bouillon aux
principaux seigneurs croisés et y a lu, en toutes lettres,
pour lieu de rendez-vous le mot Abbeville; il sait avec
quelle magnificence notre comte (le comte Guy premier)
a reçu les princes et seigneurs croisés; il a parcouru le
château où s'est tenue l'assemblée de ces seigneurs; il
a entendu, en ce château, au milieu des cris *Diex el
volt*, le comte Guy, plein de feu d'ailleurs pour l'entreprise, déplorer son âge qui l'attache aux collines du
Ponthieu ; il sait qu'après cette assemblée le rendez-
vous des croisés de Flandre, d'Angleterre, de Norman-
die et du Boulonnois a été marqué auprès d'Abbeville;
il donnerait, au besoin, la mesure du camp où a tenu
près d'Abbeville « l'armée chrétienne » ; il a compté
dans les rangs de cette armée « la plus belle noblesse
du Ponthieu » ; enfin, il a vu partir les croisés « fort
satisfaits de notre comte » au nombre de quarante
mille. Rien en tout cela n'est sérieux et ne mérite dis-
cussion. Mais rien de tout cela non plus ne doit étonner
de la part d'un homme qui vient d'écrire : « Pierre
de Lhermite (Pierre DE Lhermite, entendons-nous bien),
gentilhomme picard et du diocèse d'Amiens, se rendit à
la cour de notre comte pour lui faire part du mauvais
état où étoient réduits les chrétiens de la Terre-Sainte
et l'engager à les délivrer de la tyrannie des infidèles. »
Ainsi Formentin a introduit Pierre de Lhermite chez

notre comte et cette circonstance explique comment il
a pu si bien pourtraire le comte lui-même dont tous
les portraits seraient sans lui perdus : « Guy premier du
nom étoit d'une taille avantageuse, d'une grosseur assez
proportionnée ; son regard étoit vif et perçant ; son
corps robuste et propre à soutenir les grandes fatigues
si ce n'est sur la fin qu'il fut fort affaibli par les infirmi-
tés de l'âge et étoit naturellement très-vaillant et, avec
cela, sage, prudent et adroit, et fut bon ami, etc. »

Les bras tombent quand on lit certains passages de
Formentin et on se demande, en retrouvant une histoire
écrite ainsi au milieu du dix-huitième siècle, quelle foi
on peut ajouter à la conservation par l'écriture, en des
temps plus anciens, des souvenirs si vite transformés
par l'imagination populaire. J'aurai à mettre un jour
Formentin à sa vraie place entre nos historiens locaux,
dans l'*Histoire littéraire d'Abbeville*. Revenons tout
simplement aujourd'hui aux faits qui ont des dates et,
autant que possible, des preuves.

Le sage et immense savant Du Cange, en son histoire (manuscrite) des comtes de Ponthieu, ne touche
pas un mot de la réception des croisés par le comte Guy
ni même d'un séjour de croisés près d'Abbeville. Pour
le point qui nous occupe, il est donc prudent de nous
en tenir, et encore avec réserve, à la simple et vague
tradition, fixée par le P. Ignace, d'un campement de
croisés sur la place où devait s'élever le Saint-Sépulcre.

Que la première église du Saint-Sépulcre ait été cons-
truite à la fin du onzième siècle par le comte Guy pre-

mier (1) en témoignage immédiat du départ des croisés, ou dans la première moitié du douzième siècle par le comte Guy second (2), il n'en est pas moins vrai que deux cent trente-six ans après le départ de Godefroy de Bouillon, cent quatre-vingt-cinq ans après la mort du comte Guy II, l'église du Saint-Sépulcre était en construction ou en reconstruction (3).

Nous voyons dans le Livre rouge de l'Échevinage qu'il advint, au mois de juillet 1332, à la *batisse* (4) *du Saint-Sépulcre*, que « Guerard de Pardieu navra d'une

(1) Mort le 13 octobre de l'an 1100 suivant le nécrologe du prieuré de Saint-Pierre, date qu'accepte Du Cange. .

(2) Mort à Éphèse, en l'an 1147.

(3) Au moment où je corrige les épreuves de cette notice, *la Picardie* m'apporte un travail de M. l'abbé Théodose Lefèvre, travail intitulé : *Essai sur l'église du Saint-Sépulcre d'Abbeville.*

Je demanderai à M. Lefèvre la permission de lui emprunter, en guillemettant mes emprunts, les faits propres à compléter mon travail.

« C'est seulement en 1206, dit M. Lefèvre (1), que nous pouvons « constater d'une manière certaine l'existence de cette église, à « propos d'une fondation de vingt livres parisis de cens, plus « trente pains et trente chapons, faite par Guillaume de Visme, « curé du Saint-Sépulcre et doyen d'Abbeville, en faveur du prieuré « de Saint-Pierre. Il est parlé incidemment encore de cette église à « propos de la construction du refuge de Saint-Riquier et nous la « voyons figurer au pouillé de 1301.

« D'après l'abbé Buteux, cette église de bois et de placage fut « remplacée, vers la fin du règne du roi Jean et le commencement « de celui de Charles V, par l'église actuelle. »

(4) Il faudrait vérifier le mot. Pressé par l'épreuve, je le laisse comme je l'ai trouvé dans une note dont l'écriture ne me révèle pas l'auteur.

(1) « La charte », ajoute en note M. Lefèvre,« extraite du livre noir du prieuré de Saint-Pierre est rapportée dans les notes de l'abbé Buteux (notes en marge d'un exemplaire de la chronique de Rumet de Beaucoroy en la possession de M. de Caïeu). Ce Guillaume est sans doute le Willame dont parle le P. Ignace dans sa *liste des doyens de chrétiente.*

hache Jehan Crimon . . . . et se mit ledit Guerard à refuge et à . . . . Saint-Pierre en lieu saint. A quoy les majeur et eschevins le sommèrent pour ledit cas à obéir, lequel refusa », etc.

De l'an 1332 où nous sommes arrivés, rappelons donc jusqu'à nos jours, en suivant l'ordre chronologique, les faits ayant date certaine qui constituent l'histoire du Saint-Sépulcre.

Nous trouvons d'abord, et cette situation devait durer jusqu'à la Révolution, la paroisse du Saint-Sépulcre sous le patronage, dans la dépendance en quelques points du prieuré de Saint-Pierre (v. le P. Ignace, *Hist. ecclésiastique,* chap. XLVIII, p. 165). La dépendance était telle dans les temps anciens, quant aux sépultures du moins, que jusqu'en 1400 les paroissiens du Sépulcre, n'ayant pas de cimetière particulier, étaient enterrés, ainsi que les morts des autres paroisses du même patronage, dans le grand cimetière que leur départait le prieuré et qui est devenu la place Saint-Pierre (le P. Ignace, *Hist. eccl.,* chap. XLIX, p. 170. Voyez notre chapitre de la Place Saint-Pierre). En 1400 seulement, le prieur, à la sollicitation de messieurs les gens du roi, de messieurs de l'Échevinage et de « plusieurs gens de bien », permit aux trois paroisses du Saint-Sépulcre, de Notre-Dame de la Chapelle et de Saint-Éloi, d'avoir leurs cimetières « proches de leurs églises ». Je ne veux pas discuter l'assertion du P. Ignace, très-fondée sans doute, bien qu'il ne produise pas ses preuves, mais comment concilier cette assertion avec la déposition d notre Livre blanc (fol. XVI, *verso)* qui mentionne en l'an

1257 une maison des religieux de Saint-Acheul située devant « l'âtre du Saint-Sépulcre », le mot âtre signifiant, chez nous, cimetière ? Il faut, si cet âtre n'était pas voisin de l'église, qu'il ait été une part distincte du cimetière divisé par le prieuré entre les trois paroisses, et c'est sur un des côtés de notre place Saint-Pierre que nous aurions alors à chercher la maison de Saint-Acheul. Quant au cimetière de Notre-Dame de la Chapelle « compassé », nous dit ailleurs le P. Ignace (chap. XLIV), par les pas de la Vierge, l'assertion de notre historien forcerait à bien rapprocher le miracle des temps modernes.

Maintenant un mot de l'étendue de la paroisse au quatorzième siècle, au quinzième siècle (et depuis les temps anciens, sans doute) :

« La cure du Saint-Sépulcre, dit le P. Ignace, estoit si grande, qu'elle s'estendoit jusques aux Chartreux (à Thuyson), si bien qu'une chapelle dédiée à Notre-Dame lui servoit de secours (1). » Cette chapelle a fait place depuis à l'église de Notre-Dame de la Chapelle, qui nous occupera prochainement, et qui fut érigée en paroisse distincte en 1454.

C'est très-probablement aux environs de cette époque (2) que fut reconstruite (de nouveau?) l'église du

____

(1) *Histoire ecclésiastique de l'archidiaconé de Ponthieu*, p. 137.

(2) C'est-à-dire au milieu du quinzième siècle. J'ai consigné en 1849 cette opinion dans mes *Notices sur les rues d'Abbeville*. Cette opinion n'était fondée alors et n'est fondée encore maintenant que sur le caractère du quinzième siècle reconnu à l'architecture de l'église. Depuis que le Livre rouge m'a appris la bâtisse de 1332 je trouve les constructions et reconstructions bien rapprochées, mais quelle était l'importance des travaux de 1332? Dans *la Picardie*

Saint-Sépulcre, qui, bâtie d'abord en charpente, pré-
senta dès lors jusqu'en 1863, tous les caractères de l'architecture du XVe siècle (1). La tour plate qui lui sert
de clocher était alors surmontée d'une flèche percée
à jour et couverte de lames de plomb. Nous ne pourrons
bientôt plus retrouver que dans les campagnes ces
jolis clochers en pointe qui semblent montrer le ciel du
doigt, suivant l'ingénieuse expression des poëtes.

Il est certain qu'un peu après le milieu du quinzième
siècle il y eut, tout au moins, des travaux dans l'église
du Saint-Sépulcre. La chapelle de sainte Magdeleine,
qui figure au chapitre xlviii de l'*Histoire ecclésiastique*
du P. Ignace (p. 165) parmi celles du patronage du
prieuré de Saint-Pierre, fut fondée l'an 1458 « dans
l'église du Sépulchre par Jean Le Roi, bourgeois d'Abbeville ». — Le P. Ignace, *Hist. eccl.*, chap. xlii, note
en marge de la p. 137.

En 1472, la ville donne deux chênes à cette église
pour l'aider à construire « la maison ou chambre là où
les malades font leur neuvaine à ladite église. » — *Reg.
aux délibérations de l'Échevinage, note fournie par
M. Louandre.*

que je reçois, M. Lefèvre émet l'avis que la reconstruction « de
la fin du règne du roi Jean ou du commencement de celui de
Charles V » — où M. l'abbé Lefèvre s'est-il pu procurer ces indications
précises ? — « dut s'opérer lentement puisque le chœur et l'autel ne
furent achevés que vers 1459. » — Et M. l'abbé Lefèvre nous ap-
prend ensuite qu'un des principaux bienfaiteurs de l'église fut alors
Jean de la Warde qui donna mille livres tournois en 1459 pour
achever le chœur et l'autel.

(1) L'église fut, pour la plus grande part, démolie en 1863 comme
nous le dirons.

Ces indications que nous voudrions plus nombreuses ne permettent pas de reconstruire devant les .yeux l'église du quinzième siècle, et nous rejetons plus loin, pour obéir à l'ordre des dates, une description de l'église du dix-septième siècle.

Un maieur dont M. Louandre place la magistrature en 1555 et le P. Ignace en 1556 (MDLVI), Josse Beauvarlet, seigneur d'Ailly-le–Haut clocher, de Villiers (Villers) sous ledit Ailly et de Frucourt, fit avec sa femme des fondations importantes en l'église du Saint-Sépulcre. Un legs de cinquante-trois journaux de terres labourables accompagna ces fondations (1).

Cette fondation du maieur Josse Beauvarlet est le

(1) Ce maieur (Josse Beauvarlet) avoit, dit le P. Ignace, une grande dévotion au très-saint Sacrement de l'Autel, et pour tesmoigner davantage l'affection qu'il luy portoit, il fonda à perpétuité en la paroisse du Sainct-Sépulchre, une haute Messe du Très-adorable Sacrement, tous les jeudis de chaque semaine et damoiselle Marguerite Papin sa vefve, pour imiter la dévotion de feu son mary, fonda dans la mesme Église les premières et secondes Vespres solemnelles du très-auguste Sacrement, qui se chantent et se doivent chanter comme la Messe à perpétuité, avec les Orgues, le carillon des cloches, chappes, ornemens et luminaires tel que de deux gros cierges chacun pesant deux livres et deux torches de mesme poix (sic) pour honorer l'exposition du très-Saint Sacrement le mercredy et le jeudy de chaque semaine durant ledit Office. Et pour cette fondation a esté donné à ladite Eglise du Sainct-Sépulchre cinquante-trois journaux de terres labourables, scizes au terroir d'Ailly et de Villers, par la libéralité dudit sieur et Damoiselle d'Ailly. Et depuis ladite Damoiselle par son Testament a fondé à perpétuité en ladite Eglise (ce qui a esté accepté par le Curé et les Marguilliers de la Paroisse) trois Obits solemnels avec Vigiles, chacun an, au mois de May; et encore une Messe basse qui se doit dire tous les jours de l'année, à neuf heures du matin, à l'Autel de Saint-Anthoine. — *Histoire chronologique des maieurs d'Abbeville*, p. 682-683.

seul fait un peu important du seizième siècle dans l'histoire du Saint-Sépulcre. La seconde moitié du dix-septième siècle et le commencement du dix-huitième siècle voient notre église s'enrichir d'œuvres estimables et ses murailles s'honorer des noms de Hallé, de Poilly, et des orgues nouvelles s'élever sous la tour pour accompagner dignement les chants de David.

En 1658 un tableau, de quelque valeur sans doute, est donné à l'église du Saint-Sépulcre par le cardinal de Màzarin (1).

A quelle date et de qui l'église reçut-elle la Résurrection de Hallé, le père? L'histoire de l'art aurait bien à retrouver dans les registres (malheureusement souvent perdus) des fabriques, et il a toujours été fait une place honorable à l'art dans l'église du Saint-Sépulcre.

On le savait bien au dix-huitième siècle. Les peintures dont la paroisse était fière attirent, en 1783, l'attention d'un critique notre compatriote, mais particulièrement, entre les autres toiles, la Résurrection de Hallé :

« Rien de si flatteur que le gracieux du coloris, dit N. Douville, en parlant de ce tableau; on convient en le voyant que le clair obscur ne saurait être ménagé avec plus d'art, le dessin plus juste, l'invention plus hardie, enfin l'exécution plus belle. Les deux médaillons qui accompagnent ce tableau sont de Nicolas de Poilly, ori-

---

(1) Le roi s'était arrêté, comme nous l'avons dit, à Abbeville avec sa mère et le cardinal Mazarin. « Le cardinal qui fut voir les églises remarqua que dans celle du Saint-Sépulcre il n'y avoit pas encore de tableau à l'autel de la Vierge qui venoit d'être fait en bois. Il voulut faire présent d'un à cet autel. Le tableau vint de Paris. On y mit les armes du cardinal et la date 1658. » *Mss. Siffait.*

ginaire d'Abbeville. Ils font regretter ce jeune peintre dont le pinceau eut fait autant d'honneur à sa patrie que le burin de François de Poilly son père (1). L'autel qu'on voit à droite dans cette église est encore orné d'un tableau de M. Hallé représentant le martyre de saint Quentin. » — *Almanach de Ponthieu*, 1783.

La Résurrection fut restaurée en 1840 par M. Mothyon qui s'acquitta de ce soin, suivant *le Journal d'Abbeville* du 12 septembre 1840, avec autant d'habileté que de bonheur. « Tout le monde, ajoutait le journal, peut aller admirer et la perfection de son travail et les beautés

---

(1) Ces grands médaillons étaient aimés des paroissiens. Nous pouvons les suivre pendant la Révolution.

Le 29 floréal an V, deux citoyens viennent, au nom des habitants de l'ancienne paroisse du Sépulcre, réclamer les deux tableaux déposés dans la maison commune, l'un représentant saint Pierre, l'autre saint Jean, qui étaient encadrés dans la boiserie au-dessus des deux portes de la sacristie de leur ci-devant église. L'administration municipale arrêta que les deux tableaux seraient remis aux pétitionnaires à la condition qu'ils s'engageraient par écrit à représenter et à remettre ces tableaux lorsqu'ils en seraient requis par elle, ce qu'acceptèrent les deux solliciteurs.

Nous avons pu voir encore ces médaillons, les derniers, les seuls spécimens sans doute de la peinture de Nicolas de Poilly, dans l'église du Saint-Sépulcre jusqu'au jour où cette église fut démolie pour livrer terrain net à la reconstruction de la nouvelle. Ils furent alors mis en vente. M. l'abbé Dairaine, le collectionneur dévoué au pays, ne pouvait laisser fuir ces deux témoins du talent d'un peintre mort jeune, notre compatriote par son origine et cependant presque inconnu chez nous. (Il ne faut pas confondre cet artiste fils de François avec le graveur son oncle, du nom de Nicolas comme lui.) Les deux tableaux de Nicolas de Poilly, précieusement conservés par l'abbé Dairaine, ont disparu de la ville après la vente qui suivit le décès du sauveur de tant de curiosités, de tant d'œuvres intéressant notre ville, œuvres et curiosités trop dispersées hélas ! maintenant.

depuis longtemps invisibles qu'il a remises à découvert. »

L'œuvre de Hallé s'élevait alors au-dessus du grand autel.

Nous avons suivi les tableaux anciens jusqu'à nos jours; remontons de nouveau vers le passé, c'est-à-dire à la fin du dix-septième siècle.

Les Mss. de M. Siffait nous donnent, sous la date de 1687, une description de l'église à cette époque.

« Étoit pour lors l'église du Saint-Sépulcre ornée ainsi qu'il suit ; savoir : le grand autel avec une boîte où étoit dedans en relief doré la Passion du Sauveur et au côté droit étoit en relief une Résurrection en bois doré de bonne grandeur (posée sur une muraille où dessous étoit une porte pour entrer dans une petite sacristie qui étoit derrière l'autel) ; de l'autre côté étoit une sainte Anne avec la sainte Vierge enfant. Au milieu de cet autel étoit une grande croisée garnie de vitres et au devant étoit un appui de communion en bois. L'autel de saint Antoine étoit aussi orné d'une boîte où étoit dedans, en relief doré, saint Antoine assailli par une multitude de diables », scène « partagée en plusieurs représentations ; au haut de boîte étoit un saint Antoine. Il y avoit aussi au haut une grande croisée de vitres. Le jour de saint Antoine on y chantoit l'office pour les boulangers. Au pilier contre la chaire étoit un autel de saint Quentin martyr. Le jour de sa fête, on y chantoit un office pour un bâtonnier pris des bourgeois de la paroisse. Dans la chapelle du Saint-Sépulcre étoit un autel où étoit représenté, en relief de moelon sculpté à la muraille, une Notre-Dame de Pitié. Cette chapelle étoit fermée d'une grille de bois qui a servi depuis pour enfermer les fonts baptismaux ; et quant à l'autel de la sainte Vierge, il étoit déjà comme il est à présent. »

Les paroissiens, par tout ce que nous venons d'exposer, ne se montraient pas indignes de leurs prédécesseurs du quinzième siècle, les Jehan Le Roy, les Jehan de le Warde, les Jehan Du Bos. Cependant un reproche est à leur faire. Par leur négligence ou par un mauvais dédain, de vieux souvenirs disparaissaient parfois de l'église qui eut dû les garder comme titres d'honneur, comme titres constatant la part prise aux siècles précédents par les hommes importants de la paroisse dans l'administration de la commune. Ainsi les armes des Laudée, des Malicorne, des Clabaut, des Desmarets (1), qui figuraient dans l'église du Saint-Sépulcre, disparurent au commencement du dix-huitième siècle. — *L'abbé Buteux.*

Consolation sérieuse, les orgues furent renouvelées en 1739. — *Mss. Siffait.*

LE CLOCHER.

Nous regrettions tout à l'heure la flèche à jour du Saint-Sépulcre ; M. E. Pannier nous l'a restituée dans un dessin aujourd'hui entre les mains de sa fille, madame A. Prarond.

Dans le clocher que surmontait cette flèche se balan

______
(1) Ce dernier nom n'est pas un nom de l'Echevinage.

çaient au moins quatre cloches en 1693 (1). A cette date la quatrième cloche, s'étant cassée, fut refondue deux fois, — on ne l'avait pas trouvée d'accord après la première fonte, — et les marguilliers de la paroisse, gens paisibles de tradition immémoriale, tenaient à un régime de bonne entente pour leurs oreilles. Lorsqu'elle sortit pour la seconde fois de la fonte, l'inscription qui la couvrait, disait : « *J'ay été bénite par messire Charles* Becquin *écuyer seigneur du Fresnel bachelier et curé de la paroisse du Saint-Sépulcre d'Abbeville, nommée Charlotte Françoise par messire Jacques* Godart *écuyer seigneur de Beaulieu, Brucamps, Thuyson, la Fertelles, Dommart et autres lieux, conseiller du roi, maire perpétuel de la dite ville* (2) *et par dame Françoise* Crignon *épouse de messire Charles Antoine* Beauvarlet *écuyer seigneur de Bomicourt, Moismont et autres lieux, conseiller du roi, maître des eaux et forêts et capitaine des chasses de Picardie, et fondue par les soings de Charles* Mauvoisin, *Jean* Legrand, *Jean* Roussel, *Adrien* Ricouart, *marguilliers de la dite paroisse en* 1693. *Jean et Pierre Buret de Rouen m'ont faite.* — *Mss. Siffait.*

On ne sait quels noms plus anciens avaient été remplacés par ceux-ci sur le bronze rajeuni de la vieille cloche.

En 1778 on descendit la seconde cloche de l'église du Saint-Sépulcre pour la refondre. On ne put lire les écritures « qui étoient en gothique ». Elle était haute de 3 pieds 4 pouces et avait de largeur 4 pieds 1 pouce,

(1) On assure qu'il en avait eu onze autrefois.
(2) d'Abbeville.

épaisseur 4 pouces six lignes ; elle pesait 3,367 livres. (Datait-elle de Godefroy ?) Elle fut refondue le 8 août 1778. On lisait sur cette nouvelle cloche : « *L'an 1778 j'ay été bénite par messire Pierre-Antoine* DEUNET, *prêtre bachelier en droit de la faculté de Rheims, curé de cette paroisse et supérieur des dames religieuses Ursulines. J'ay été nommée Claudine Adelayde Thérèse par messire Claude* GRIFFON, *écuyer, seigneur d'Offoy, Mérélessart et autres lieux, chevalier de l'ordre royal et militaire de Saint-Louis, ancien capitaine au régiment de Flandre et aussi ancien majeur commandant de cette ville, et par dame Catherine Charlotte Adélaïde* DUCHESNE, *épouse de messire Charles Antoine* BEAUVARLET, *chevalier seigneur de Moismont, Yvrigny et autres lieux. Messieurs Noël-François* MULLOT, *Pierre* BRIDOUX, *Jean-François* BOURGEOIS *et Pierre-Jacques* RICQUIER, *marguilliers en charge. — Claude et François Lemaire fondeurs.*

Cette cloche pesait 130 livres de plus que l'ancienne. — *Mss. Siffait.*

La seule cloche qui restait au Saint-Sépulcre depuis la révolution fut enfin remplacée en 1826 par quatre autres qui furent bénites le jeudi 25 mai, à dix heures du matin. La plus grosse de ces cloches, pesant 4,000 et d'une valeur de 7 à 8,000 francs environ, avait été donnée par M. de Riencourt ; les trois autres, pesant ensemble environ 7 à 8,000, provenaient de la fonte de l'ancienne cloche rejetée au moule, des économies de l'administration de la fabrique et des dons nombreux de plusieurs personnes pieuses et zélées.

Les parrains et marraines étaient M. de Riencourt et

madame Danzel de Boffles ; M. des Essarts et madame d'Émonville ; M. Felix Cordier et madame veuve Joseph Cordier, sa belle-sœur.

Un calice, une patène, des burettes, un plateau et un lustre, etc., tels sont les présents étincelant d'or, d'argent et de cristaux qui ont été offerts et acceptés par l'église. *Journal d'Abbeville* du 27 mai 1826. Le fondeur de ces cloches était M. Cavillier.

FAITS DIVERS.

En cette église du Saint-Sépulcre, si nous redescendons du clocher et des cloches, avait été érigée au commencement du dix—huitième siècle la confrairie des agonisants. En 1720 le pape Clément XI accorda à cette confrairie « érigée depuis peu » des indulgences dont les jours étaient la Purification, l'Annonciation, l'Assomption, la Nativité et la Conception de la sainte Vierge. — *Mss. de M. Siffait.* — Voyez plus loin l'*office du Saint-Sépulcre.*

En 1737, le lundi 22 juillet, Monseigneur l'évêque après avoir béni un christ dans l'église de Saint-Vulfran bénit la bannière et les chaperons des confrères des agonisants sis à Saint-Sépulcre. Ce jour là la confrairie des agonisants alla pour la première fois à la procession générale. — *Ibid.*, ce qui n'empêche pas les Mss. de répéter que, le 15 août de l'année suivante, 1738, jour de la fête de l'Assomption (où fut renouvelée la centième année de la déclaration de Louis XIII qui mettait la France sous la protection de la Vierge), la confrérie des agonisants assista pour la première fois à la procession générale.

Il y avait, en 1724, une place spéciale de *chasse-chiens* dans l'église du Saint-Sépulcre. Un jour, le chasse-chiens ayant voulu faire sortir le chien d'un soldat du régiment de Saxe, celui-ci tira son épée du ceinturon avec le fourreau et en porta audit chasse-chiens un coup assez violent pour que le sang se répandît sur les dalles. L'église fut interdite pendant plusieurs jours et rebénie ensuite avec pompe sur une permission de l'évêque. Pendant les cérémonies expiatoires, un détachement du régiment de Saxe, qui était sous les armes dans le cimetière, fit de nombreuses décharges. Le coupable avait disparu et le blessé était guéri. Jamais pourtant la place de chasse-chiens, supprimée de fait par l'accident de son premier titulaire, ne fut rétablie, et les attributions qui y étaient attachées revinrent grossir celles des suisses (1).

La révolution enleva à la fabrique du Saint-Sépulcre tout ou partie de ses biens. L'église possédait-elle encore alors intégralement les cinquante-trois journaux du maieur Josse Beauvarlet, sis à Ailly et à Villers-sous-Ailly? L'État succinct des adjudications faites au District d'Abbeville ne peut me l'apprendre. Voici d'ailleurs ce que je relève dans ce registre des ventes : — Le 29 octobre 1791, vingt journaux de terre, à Ailly, appar-

____

(1) Mss. de M. Siffait.

tenant à la fabrique du Saint-Sépulcre, sont adjugés au prix de 18,200 livres ; le 8 novembre 1791, vingt autres journaux, à Villers-sous-Ailly, appartenant à la même fabrique, sont adjugés au prix de 18,100 livres ; le 9 novembre, neuf journaux, à Ailly, à la même fabrique, 8,300 livres ; le même jour, huit journaux, à Gorenflos, à la même fabrique, 5,475 livres ; le 10 novembre, cinq quarts d'aire et prés, à Cambron, à la même fabrique, 1,000 livres.

Le 2 septembre 1792, six cents électeurs abbevillois s'assemblèrent dans l'église du Saint-Sépulcre pour procéder à l'élection des députés conventionnels. Cette réunion, dit un Ms. de M. Macqueron, fut très-tumultueuse. Des électeurs étrangers y excitèrent les ouvriers contre les manufacturiers. On voit que dès ce temps les procédés de l'agitation étaient déjà ceux d'aujourd'hui. Après avoir servi de salle d'élection, l'église du Saint-Sépulcre servit de fabrique de poudre. On y établit l'année suivante des ateliers pour la préparation du salpêtre. On allait enlever le salpêtre avec la terre qui le renfermait dans les écuries et dans les caves des maisons les plus importantes de la ville. Ces enlèvements de terre n'avaient d'autre objet que de rechercher dans ces maisons l'or et l'argent que l'on y supposait caché (1).

(1) Ms. de M. Macqueron.

L'ÉGLISE MODERNE JUSQU'A LA DERNIÈRE RECONSTRUCTION.

Histoire depuis la Révolution : — L'église du Saint-Sépulcre fut rendue au culte très—probablement assez longtemps avant le Concordat, et dès que la pratique des cérémonies religieuses put être permise. La date sera précisée dans le tome second des **Annales modernes d'Abbeville**, *la Révolution*.

Elle retrouva pour décoration les anciennes peintures heureusement conservées, mais eut évidemment besoin de réparations qui furent faites mais dont il faudrait rechercher les dates, l'importance, etc., dans les registres de la fabrique. Je vois seulement sur un devis de travaux que j'ai sous les yeux que des réparations importantes furent faites en 1809 à l'horloge du clocher.

Vers 1856, la grande chapelle de gauche qui rappelle le nom même de l'église par la représentation sculptée du tombeau de Jésus—Christ dans un enfoncement du mur fut enrichie d'une verrière représentant Godefroy de Bouillon à Abbeville avant son départ pour la croisade. M. Charles Louandre a apprécié ainsi (1) l'œuvre d'art exécutée sous la direction de l'éminent archéologue M. Didron : « Cette verrière représente l'un des faits les plus importants de notre histoire locale, nous voulons parler du séjour que Godefroy de

(1) *Pilote de la Somme* du 3 février 1857.

Bouillon fit à Abbeville avant de partir pour la croisade. Parmi les chevaliers qui accompagnaient ce guerrier célèbre se trouvait un sire de Riencourt, et c'est l'un des descendants de ce vaillant soldat de la croix, M. le comte de Riencourt, qui a fait don à l'église du Saint-Sépulcre de la magnifique peinture sur verre que nous y admirons aujourd'hui. Nous sommes certain de nous faire l'interprète fidèle de tous les amis des arts et de tous ceux qu'intéressent les monuments que nous a légués la piété de nos aïeux en remerciant M. le comte de Riencourt. »

Peu de temps après le don de M. de Riencourt, M. le curé Carpentier donna le vitrail de la *Charité* que nous retrouverons dans le bas-côté droit de la nef.

Enfin le conseil de fabrique décida en 1862 la démolition et la reconstruction du chœur et du transsept, même de l'église, et nous avons vu s'élever, en quelques années, une église tout à fait nouvelle, en quelque sorte, qui conserve encore cependant de l'ancienne, la tour du clocher, les premiers piliers de la nef, le bas-côté droit à peu près jusqu'au transsept et le bas côté gauche jusques au delà de la chapelle du Saint-Sépulcre qui est elle-même ancienne (1).

(1) On peut étudier dans la collection de M. O. Macqueron sept vues d'ensemble ou de détails de l'ancienne église :

1° Flèche en bois qui surmontait autrefois la tour du clocher de l'église du Saint-Sépulcre, d'après un dessin communiqué par M. Pannier.

2° Vue de l'église, prise du coin de la rue du Saint-Esprit, 1850.

3° Vue prise de la rue de la Briolerie, autre prise de la chaussée du Bois.

Cette démolition fit disparaître un certain nombre de pierres tombales chargées d'inscriptions et d'armoiries que M. le comte de Bussy avait heureusement relevées quelque temps auparavant et que je dois à son obligeance. Les voici avec l'indication de la place qu'occupaient les pierres et les remarques de M. de Bussy :

Devant l'autel de la Vierge, en dehors de la grille, une large table de marbre noir et portant :

ICY GISENT LES CORPS
DE DÉFUNTS   .   .   .
DU BOVR .   .   .   .

« Le reste de l'inscription, remarquait M. de Bussy, est entièrement effacé. Un écusson timbré d'un casque, orné de lambrequins et chargé d'un chevron accompagné en chef de deux croissants et en pointe d'une rose, sert seul à faire reconnaître que là était la sépulture de la famille du Bourguier qui portait ces armes et dont était Jean du Bourguier, seigneur de Rouvroy, conseiller avocat du roi au présidial d'Abbeville en 1719.

« Du même côté de l'église, au pied du pilier contre lequel est la chaire on voit sur une table de marbre l'inscription suivante :

ICY REPOSE LE CORPS [DE TRÈS PIEUSE, TRÈS VERTUEUSE ET TRÈS

4° Chœur de l'église du Saint-Sépulcre démoli en janvier 1863 pour l'agrandissement de ladite église.

5° Boiseries en chêne qui garnissaient le mur de la chapelle de la Vierge démolie en janvier 1863.

6° Boiseries du chœur de l'église du Saint-Sépulcre démoli en janvier 1863. — Elles provenaient, dit-on, de l'ancienne église Saint-André.

CHARITABLE HAUTE ET PUISSANTE DAME MARIE DE TROUVILLE, FEMME ET ÉPOUSE (1) DE HAUT ET PUISSANT SEIGNEUR MESSIRE RENÉ-ALEXANDRE DE FONTAINES, COMTE DE VUIRY, CHEVALIER DE L'ORDRE ROYAL MILITAIRE DE SAINT LOUIS, EN SON VIVANT DAME DE MÉRÉLESSART (2), LAQUELLE DÉCÉDA LE VINGT-TROIS JUIN MIL SEPT CENT TRENTE-SIX.

Priez Dieu pour le repos de son âme. Pater noster. Ave Maria. De profundis. Requiescat in pace.
PIERRE WLFRAN LONGUET *sculpsit.*

Dans la chapelle du Saint-Sépulcre :

ICY REPOSE EN ATTENDANT LA RÉSURRECTION LE CORPS DE DAME MARIE-MARGUERITE HECQUET, ÉPOUSE DE H.-H. PIERRE MICHAUT, MARCHAND BOURGEOIS DE CETTE VILLE. SON AMOUR POUR DIEU LUI FIT FAIRE LE SACRIFICE DE SA VIE POUR LE SALUT DE SON ENFANT, CAR EN MOURANT ELLE LUI CONSERVA ASSEZ DE VIE POUR LUI PROCURER CELLE DE LA GRACE PAR LE BAPTÈME. SON HU-MILITÉ ET SON AMOUR POUR LES PAUVRES LUI ONT FAIT CHOISIR SA SÉPULTURE DANS CE LIEU. ELLE EST DÉCEDÉE LE 25 D'AVRIL 1757.

Priez Dieu pour son âme.
P. WLFRAND LONGUET *sculpsit.*

« On voit encore dans la même chapelle différents fragments d'inscriptions entre autres l'épitaphe collective d'un Beauvarlet, eschevin d'Abbeville, de demoiselle Beauvarlet sa fille, avec les dates 1640 et 1649 et encore d'une autre épitaphe où sont deux écus accolés,

(1) « Femme et épouse » ; la famille de Fontaine était naïve dans l'énumération des qualités de ses membres.

(2) La terre de Mérélessart était déjà possédée par les seigneurs de Trouville-le-Normand en 1550. Leurs armes sont : de sinople au lion d'argent. — *Note de M. de Bussy.*

celui de la femme aux armes de Beauvarlet avec la date 1784. Cette épitaphe commençait ainsi :

AU NOM DE DIEU
TRÈS BON TRÈS SAINT
GLOIRE ET LOUANGE

Au-dessus un triangle, symbole de la Trinité.

Dans la chapelle de Saint-André, sur une belle table de marbre rouge, au dessous d'un écu timbré d'un casque de profil, orné de lambrequins et chargé d'une fasce accompagnée en chef de deux croissants et en pointe d'un trèfle, on lit :

ICY REPOSENT

LES CORPS D'HONORABLE HOMME JEAN MAURICE, MARCHAND DE CETTE VILLE, DÉCÉDÉ LE 23 JUIN 1635, ET DE DAMOISELLE CATHERINE GALLET, SON ÉPOUSE, LE..... MAY 1670 ;

DE JEAN MAURICE, SECOND DU NOM, MARCHAND DE CETTE VILLE, DÉCÉDÉ LE 28 FEBVRIER.... ET DE DAMOISELLE ANNE MICHAUT, SON ÉPOUSE, LE 27 AOUST 1699.

D'ANTOINE MAURICE, SEIGNEUR DE DONQUEUR ET DE BAINAST, CONSEILLER DU ROY, ASSESSEUR EN LA MAIRIE DE CETTE VILLE, AN-CIEN JUGE DES MARCHANDS ET ANCIEN MAIEUR D'YCELLE, DÉCÉDÉ LE 18 FÉVRIER 1730 ET DE DAMOISELLE CHARLOTTE FUZELIER, SON ÉPOUSE, LE..... AVRIL 1711.

Priez Dieu pour leurs âmes.

« Devant la grille de la même chapelle, sur une petite table de marbre noir, on lit :

CY GIST LE CORPS DE REVERENDE SŒUR CLAUDE FOULLON, PRE-MIÈRE DIRECTRICE DE CEST HOSPITAL (1) ETABLI PAR LETTRES

_____

(1) Il s'agit de l'hôpital des pauvres orphelines dédié à sainte Anne, autrement dit, hôpital de saint Joseph ou de sœur Claude.

PATENTES DU ROY EN 1665, DÉCÉDÉE LE 28 DE SEPTEMBRE 1676 (?), AGÉE DE 80 ANS.

Requiescat in pace.

« A la porte du bas-côté de cette église, sous le clocher, on voit une pierre tumulaire dont l'inscription est presque entièrement effacée ; il y avait en haut deux écussons dont l'un, celui de droite, est seul conservé ; il porte trois maillets. Voici le reste d'inscription qui subsiste :

> CY GIST LE CORPS DE
> HONORABLE HOMME
> JEAN G. . . . .
> BOURGEOIS DE . . . »

La sépulture pourrait bien être, suppose M. de Bussy, celle « d'un membre de la famille Guigne qui portait d'argent à trois maillets de gueules. »

L'église, telle que nous la voyons maintenant, a été, pour le transsept et le chœur tout entier, reconstruite et complétée dans les années 1863, 1864 et suivantes ; elle est remarquable par ses grandes et belles verrières ; on peut dire qu'elle représente aujourd'hui, parmi les églises d'Abbeville, le triomphe du vitrail.

Entrons et notons pour les écrivains qui continueront notre travail les objets qui frappent nos yeux en 1872.

« Cest hospital » signifie, dans l'intention du rédacteur de l'épitaphe, l'hôpital portant le nom même de Claude Foullon, l'hôpital Claude Foullon.

L'ÉGLISE DEPUIS LA DERNIÈRE RECONSTRUCTION.

L'orgue sous lequel nous passons d'abord n'est plus celui de 1739, il a été fait en 1852. Facteur, **M. Ch. Lefebvre**. Tout récemment (1870, je crois), il a été très-bien restauré et augmenté par **M. Gadault** (1). Nous rencontrons un autre orgue (le petit orgue) dans la chapelle du Sacré—Cœur.

Devant nous se présente maintenant l'église, une nef ayant en perspective les beaux vitraux du chœur, et de chaque côté de cette nef principale deux bas—côtés.

LA NEF.

La nef n'a rien, comme architecture, qui puisse at tirer notre attention que les deux grandes arcades ogivales qui la séparent des bas-côtés avant le transsept.

La chaire offre sur ses trois faces trois sujets médiocrement sculptés qui sont : face du milieu : Jésus s'élan. çant du sépulcre et au-dessus cette inscription : si CHRISTUS NON RESURREXIT INANIS EST FIDES NOSTRA ; face de gauche : l'évangéliste saint Jean ; face de droite : l'évangéliste saint Luc.

Devant la chaire s'élève un grand crucifix en bois qui ne mérite deux mots que pour son histoire pendant et depuis la révolution. Il avait été enlevé de l'église pour

____

(1) Notes fournies par M. l'abbé Dufourny, vicaire de la paroisse.

être brûlé avec des statues de saints sur la place Saint-Pierre. Il fut sauvé par le C. Joseph Cordier qui le cacha dans un double plancher de son grenier, « où il fut retrouvé, il y a une vingtaine d'années, par M. John Delegorgue neveu de M. Cordier (1). »

LE BAS-COTÉ GAUCHE.

Si nous nous engageons dans le bas-côté gauche de la nef, nous rencontrerons d'abord trois fenêtres garnies de vitres blanches avant la chapelle du Saint-Sépulcre.

La chapelle du Saint-Sépulcre qui précède de quelques pas le transsept est une partie ancienne de l'ancienne église et qui doit nous arrêter. Elle est profonde et assez large ; au dehors elle semble un petit édicule accolé au flanc de l'église. La grande entrée ogivale de cette chapelle mérite d'abord notre attention. Elle est bordée d'un double jet serpentant de vignes, pampres et raisins, partant de la gueule de deux animaux. Huit petits personnages endormis, en costumes et en armes du moyen-âge, se reposent à différentes hauteurs dans le feuillage. Au-dessus de l'ogive est un grand ovale sculpté en bois et représentant la Résurrection, Jésus s'élevant du sépulcre au-dessus de trois gardes renversés par la terreur.

____

(1) Note fournie par M. l'abbé Dufourny. M. John Delegorgue était gendre de M. Félix Cordier. MM. Félix et Joseph Cordier étaient frères.

En cette chapelle, dans un enfoncement ouvert (1)
derrière deux ogives à feuillages bibliques de pampres
et de raisins, est couché un christ en bois sous une
étoffe de damas rouge. Ses pieds nus sont l'objet de l'a-
doration fréquente des fidèles.

A notre gauche étincelle, et surtout vers le soir, quand
le soleil baisse, le vitrail représentant le départ de
Godefroy de Bouillon. La légende DIEX LY VOLT se dé-
tache sur une bannière au-dessus de la tête de Godefroy.
En arrière, près d'une ville, qui est Abbeville, se pressent
les tentes des croisés qui partent. Godefroy en cotte de
mailles dorée, l'écu à la cuisse, et l'épée haute, monte
un cheval argenté. Beaucoup de guerriers à cheval le
suivent. Un évêque, debout entre deux diacres age-
nouillés, bénit la marche des croisés. En arrière, un
guerrier, sous une armure d'écailles d'or, portant au
bras gauche l'écu de Riencourt et de la main droite une
lance avec un pennon blanc à croix rouge, monte, sur
une selle de pourpre, un cheval bai-brun. — La verrière
porte la date de 1855. '

A notre droite, et faisant face au précédent, brille un
autre vitrail au-dessus d'une sculpture de pierre.

La sculpture — une *Pietà* — représente la Vierge tenant le Christ sur ses genoux au pied du Golgotha qu'on
voit au fond chargé de trois croix. Un peu en arrière et
à droite la ville de Jérusalem. Une longue suite de

______

(1) M. l'abbé Lefèvre rappelle, d'après l'abbé Buteux, que ce
tombeau est dû aux libéralités de Jean Du Bos — quinzième siècle.
— Nous ajouterons que le christ couché est très-probablement
l'œuvre d'un tailleur d'images abbevillois.

croisés descend de la ville ou du Calvaire vers le groupe. Les premiers arrivés sont déjà à genoux, les mains jointes et l'épée touchant la terre.

Au-dessus de la sculpture étincelle aux feux du matin le vitrail. Il représente, transpercé par la lumière même de l'orient, le Christ en croix entre la Vierge et saint Jean. Cette verrière a été donnée par madame Douville de Fransu.

Les fonts baptismaux, de marbre brun et très-simples de forme, sont dans cette même chapelle. Ont-ils été placés dans cette chapelle du Saint-Sépulcre par quelque allusion symbolique ?

Un peu après la chapelle du Saint-Sépulcre nous rencontrons, en poursuivant notre marche dans le bas-côté gauche, un confessionnal bien sculpté et décoré par le ciseau de l'artiste de motifs symboliques : sur la porte une tiare devant la croix et les clefs ; de chaque côté des allégories dans lesquelles figurent surtout des cœurs.

Nous sommes maintenant dans le transsept éclairé aux deux extrémités par deux grandes fenêtres ogivales garnies de vitres blanches qui jettent dans cette partie de l'église une ample lumière. Aussi est-ce dans ces bras de l'édifice qu'ont été placés les trois grands tableaux sauvés de la vente faite à l'occasion des démolitions et des travaux de 1863.

Ici, en face du bas-côté gauche que nous venons de parcourir, se présente la *Résurrection* de Hallé, bien moins avantageusement placée, il faut le dire, qu'autrefois, bien qu'éclairée, et très-convenablement, à

gauche, par la grande fenêtre blanche du transsept. Il
faut signaler sur cette toile quelques gouttes de chaux
tombées de la voûte quand on l'a reblanchie.

LE BAS-CÔTÉ GAUCHE DU CHOEUR. — LA CHAPELLE DE LA VIERGE.

Le bas-côté gauche de l'église se prolonge au delà
du transsept par une chapelle parallèle au chœur nais-
sant.

Cette chapelle est celle de la Vierge. Au-dessus de
l'autel, la Vierge avec l'enfant, groupe en bois peint ;
à droite et à gauche deux autres statues en bois peint,
saint Joseph et sainte Anne. Plus haut, et à la hauteur
des épaules de la Vierge, deux anges tenant chacun un
encensoir. Au-dessous des trois statues principales
quatre médaillons représentant l'Annonciation, l'Ado-
ration des bergers, l'Assomption, le Couronnement de
la Vierge dans le ciel.

A notre gauche, le vitrail exposé au nord, et signé
Didron, porte la date de 1864. Il est dédié à la Vierge.
Au centre la Vierge avec l'enfant. Au-dessus la Vierge
en reine, couronnée, assise avec l'enfant sur ses genoux
et distribuant des aumônes à deux mendiants dont l'un
a la tête environnée d'une auréole de saint. Autour de la
Vierge debout au centre, plusieurs sujets : un saint enseignant et laissant d'une de ses mains se dérouler la légende *salve, virgo, singularis;* un architecte présentant le
plan d'une église, un sculpteur taillant une image de la
Vierge, une sainte frappant les touches d'un clavecin

ou d'un buffet d'orgue, des pèlerins de toutes les classes venant implorer la Vierge, enfin le travail sacré, figuré par un homme qui bêche, par une femme ramassant des gerbes ; des personnages en bateau. Ces différents motifs, dans lesquels on retrouve l'éloquence, la musique, l'architecture, la marine, l'agriculture, etc., ont fait parfois intituler ce vitrail *Hommage du travail, des sciences et des arts à Marie.* Dans le haut de la verrière, entre les branchages de pierre de l'ogive, les litanies de la Vierge sont figurées par bon nombre des images de ce chant.

Avant la reconstruction de 1863, aux environs de l'endroit où se trouve maintenant la chapelle de la Vierge, était appendu au mur le tableau miraculeux donné, suivant les Mss. Siffait, par le P. de Goye aux religieuses de la Visitation (voyez plus haut chap. XXI). Caché pendant la révolution, ce tableau fut remis lors de la réouverture des églises à la paroisse du Saint-Sépulcre. La peinture surnaturelle, ayant besoin de quelques retouches, attend aujourd'hui les restaurations chez le président de la fabrique.

LE BAS-COTÉ DROIT DE LA NEF.

Remontons maintenant le bas-côté droit de la nef jusqu'au transsept et au delà.

Nous trouvons dans ce bas-côté deux fenêtres ogivales garnies de vitraux coloriés.

Première fenêtre : vitrail de *la Charité divine.* Le

sujet principal est la cène. Au-dessus de Jésus distribuant le pain et le vin est cette inscription : *Deus caritas est*, et un peu plus haut un pélican abandonnant sa poitrine à la faim de ses petits, et dans la partie tout à fait supérieure de la verrière Jésus en croix entre la Vierge et saint Jean. A droite et à gauche de la cène, le puits de Jacob près duquel Jésus converse avec la Samaritaine et l'eau changée en vin aux noces de Cana. L'inscription *Deus caritas* est elle-même entre plusieurs allégories ; d'un côté, Jésus accueillant le repentir (un ménestrel attiré par Jésus repousse la volupté représentée par une femme qui tient une coupe et un carafon de cristal égayé par un vin haut en couleur) ; de l'autre côté, deux groupes de personnages couronnés qui s'embrassent saintement et qui figurent le *Misericordia et Veritas obviaverunt sibi* et le *Justitia et Pax se osculatæ sunt*. Cette verrière porte : Didron *anno* MDCCCLVI.

Seconde fenêtre : vitrail de *la Foi*. Le mot Credo occupe le milieu du vitrail au-dessous d'un aigle sur son nid. Tout au haut de la verrière Jésus étendant les mains. Plus bas différents actes ou témoignages de foi : Abraham recevant les anges, la femme de Capharnaüm touchant le vêtement de Jésus, Thomas convaincu par l'inspection des plaies, saint Dominique, une figure allégorique portant l'Eucharistie. Au-dessous, les apôtres composant (d'après la tradition) chacun un des articles du symbole : saint Pierre au milieu d'eux tient un volume sur lequel on lit : *Credo in Deum patrem* etc.; les onze autres personnages tiennent comme lui un rouleau portant par fragments les autres affirmations de la foi. Cette verrière a été mise en place peu de temps après la précédente.

Nous sommes au transsept. Là se trouve un confessionnal dans le style de celui que nous avons rencontré en parcourant le bas-côté gauche. Toujours des cœurs. Ces deux confessionnaux expriment le triomphe du cœur.

Dans ce bras du transsept sont accrochés deux tableaux de même dimension, de même ton et faits évidemment pour se servir de pendants. L'un représente le repas d'Emmaüs, l'autre l'incrédulité de saint Thomas. Ces deux tableaux sont assez bons ; je ne sais de qui ils sont. C'est à tort qu'on les attribue maintenant à Nicolas de Poilly ; les deux tableaux de Nicolas de Poilly étaient bien les deux grands médaillons cités par N. Douville dans l'*Almanach de Ponthieu* de 1783 et représentant saint Pierre et saint Jean, qui ont passé dans la collection de l'abbé Dairaine lors des changements apportés au chœur en 1863.

LE BAS-COTÉ DROIT DU CHŒUR.

Au delà du transsept et contre le chœur, et faisan face à la chapelle de la Vierge, est la chapelle du *Sacré-Cœur*.

L'autel de cette chapelle est surmonté d'un petit orgue, et en avant de cet orgue se présente une statue en bois de Jésus montrant de la main son cœur visible en sa poitrine. Une fenêtre dont le vitrail doit être intitulé, dans la langue de l'Église, les *OEuvres de la charité cor-*

porelle ou les *OEuvres de miséricorde,* éclaire la chapelle.

Description de ce vitrail : En haut le Christ révélant à une religieuse (la bienheureuse Marguerite-Marie Alacoque) la dévotion du Sacré-Cœur ; au-dessous quatre anges portant les symboles de la passion, l'échelle, la croix, la couronne, etc. Plus bas les œuvres de miséricorde : au milieu Jésus, la main droite levée et bénissant ; à sa droite la parabole du Bon Pasteur ; à sa gauche celle du Bon Samaritain. Au-dessous de ces sujets, trois autres scènes : Jésus enseignant les enfants ; un groupe de faibles et de malheureux, un vieillard aveugle, un boîteux, un adolescent, implorant la protection d'un guerrier ; enfin l'enfant prodigue de retour et bien accueilli par son père. — Ce vitrail est signé : DIDRON, *Paris*, MDCCCLXIV.

LE CHOEUR.

Le chœur proprement dit dans lequel nous entrons est éclairé par sept fenêtres garnies de vitraux peints. C'est en cette partie où le ton de la pierre neuve est encore un peu cru, qu'éclate, par contre, la gloire du vitrail. Le moyen-âge avait trouvé le mot. Cet ensemble de sujets frappant l'esprit par les couleurs et par la lumière constitue bien le *Livre des laïques.*

Les trois premiers vitraux sont exposés au nord (1), le quatrième à l'orient, les trois autres au sud.

(1) Quand j'écris nord, c'est pour simplifier ; je devrais dire nordest ; l'église est orientée vers le sud-est, de sorte que le prêtre qui officie regarde véritablement Jérusalem.

Nous examinerons successivement ces fenêtres de notre gauche à notre droite, c'est-à-dire en tournant du nord au sud.

Première fenêtre, vitrail de *la Passion*. — Au milieu Jésus en croix ; tout autour les différentes scènes qui ont précédé ou marqué la passion. Dans le bas le jardin des Oliviers, les apôtres endormis, le baiser de judas. Plus haut, et de chaque côté de la grande scèue de la croix : à gauche les saintes femmes (le *Stabat*), à droite Joseph d'Arimathie et d'autres personnages. Au-dessus enfin la flagellation, le portement de la croix.

Seconde fenêtre, vitrail du *Baptême de Jésus-Christ*. — Au milieu le baptême, à l'entour différentes scènes du premier âge ou du commencement de la vie de prédication de Jésus : Jésus enfant prêchant devant les docteurs, la tentation dans le désert, la vocation des apôtres, les marchands chassés des abords du temple.

Ce grand vitrail, dont l'azur foncé ne reçoit jamais directement les rayons du soleil, renvoie cependant mon souvenir, avec des regrets, vers un petit, un très-simple vitrail, dans lequel se traduit, comme dans un éclair, le mot de l'évangile ébionite : καὶ εὐθὺς περιέλαμψε τόν τόπον φῶς μέγα ; humble châssis d'une ville de montagnes, qui m'a laissé une joie, une vision de lumière exaltée dans la lumière :

> O Jourdain ! souvenir qu'illumine le Livre !
> Ce vitrail, où la terre et le ciel semblent vivre
> Dans l'étincellement de l'Eden, est plus vrai
> Que ton eau, que tes bords, que ton ciel révéré,
> Plus vrai que l'eau courante et que l'arbre et que l'herbe,
> Et que le bleu perlé de l'arc du ciel superbe,

Tels qu'un jour je les vis au gué de Josué
Quand je trempai mes mains dans ton flot salué
Et, contre le soleil trop lourd à mon épaule,
Cherchai dans tes roseaux l'ombre pâle du saule.
Il nous rend, ô Jourdain de Jean et de Jésus,
Une autre vérité transcendante, au-dessus
De celle qu'on saisit dans le toucher des choses,
L'éclair subit rompant le fond scellé des causes,
La minute éblouie où l'océan du bleu,
Portant le ciel, devint translucide sous Dieu.

Peut-être sera-t-il pardonné à l'antiquaire d'avoir tiré de sa mémoire, devant la haute fenêtre un peu sombre du Saint-Sépulcre, l'impression rhythmée par le voyageur amoureux de poésie devant le clair panneau de Luchon.

Troisième fenêtre, vitrail d'*Élie* que l'on pourrait intituler aussi de *l'Immortalité*. — Au milieu, comme scène principale, Élie enlevé dans le char de feu et laissant tomber son manteau entre les mains d'Élisée ; *ascendit Elias per turbineum in cœlum*. Le char est emporté par deux chevaux qui se dressent avec ardeur ; au-dessus d'Élie est un phénix sur le bûcher ; quatre autres motifs complètent la signification de ce sujet principal : Jonas glorifiant Dieu au sortir de la gueule du monstre marin(1), le fils de la Sunamite, Daniel dans la fosse aux lions, les trois jeunes hommes dans la fournaise.

Quatrième fenêtre, vitrail du *Triomphe de la Religion*. — Au milieu Jésus-Christ, en vêtement pontifical d'or, la tête ceinte de la tiare et tenant en main la croix à triple croisillon, sur un char traîné par les quatre évangélistes

______

(1) *Sicut Jonas fuit in ventre ceti, sic erit filius hominis in corde terræ.* Office du Saint-Sépulcre à matines. S. Mathieu, XII, 40.

(sous leurs figures symboliques). Au-dessus du Christ triomphant, Moïse entre Noé et David. Au-dessous du Christ, saint Jean-Baptiste, saint Pierre, saint Christophe, saint François d'Assise et d'autres saints.

Cinquième fenêtre, vitrail de *la Résurrection générale*. — L'inscription sur un écusson rouge qui explique le sujet principal explique aussi tout le vitrail : *Lazare, eni foras*. Au-dessus de Lazare sortant du tombeau, un phénix sur le bucher exprime encore la même pensée. Ce vitrail est le pendant et le complément, dans la loi nouvelle, de celui d'Élie. Quatre sujets accompagnent le sujet principal, Lazare ; savoir : deux résurrections, celle du jeune homme de Naïm, celle de la fille de Jaïre; deux guérisons, celle du fils du centurion, celle d'une autre personne à qui Jésus dit: *Surge, amica mea*, qu'on suppose la belle-mère de saint Pierre. Le sujet du centurion, à gauche au bas du vitrail, n'est pas étranger à la pensée générale ; il explique que c'est par la foi qu'on guérit et qu'on ressuscite. Dans le haut du vitrail apparaît le Christ ressuscité lui-même. Deux banderoles portent ces inscriptions : *Mortui qui in Christo sunt resurgent primi* et *Christus resurgens primitiæ dormientium*.

Sixième fenêtre, vitrail de *la Transfiguration*. — Au milieu la Transfiguration, Jésus lançant la lumière de tout son corps entre Moïse et Élie et au-dessus des trois apôtres. A l'entour Jésus touchant les yeux de l'aveugle, Jésus entrant en triomphe dans Jérusalem, Jésus payant le tribut avec la monnaie trouvée dans le poisson, la multiplication des pains. DIDRON, *Paris*, 1854. C'est le

vitrail des miracles, de la puissance manifestée de
Jésus.

Septième fenêtre, vitrail du *Saint-Sépulcre* et de *la
Résurrection du Christ.*—Au milieu Jésus s'élançant hors
du tombeau. Au-dessus la Vierge entre les apôtres ;
au-dessous la mise au tombeau.

L'enseignement catholique est complet en ces cha-
pitres que tous les rayons lumineux se chargent d'ani-
mer.

J'ai trouvé et je possède trois offices du Saint-Sépulcre : *Officium Sancti Sepulchri ad primas vesperas*,
volume manuscrit et ne portant pas de date ; *Office du
Saint-Sépulcre*, volume manuscrit encore et ne portant
pas de date ; *Office du Saint-Sépulcre*, un volume. Abbeville, Boulanger, 1836.

Le premier fort complet, avec la musique et d'une
écriture du dix-huitième siècle, renferme en outre « ce
qui regarde la confrérie des agonisants » (voyez plus
loin). Le second, d'une écriture du commencement de
ce siècle, n'est qu'un abrégé dans lequel se trouvent
bon nombre de variantes. Les offices n'étaient pas
chantés sans doute après le rétablissement du culte
exactement comme avant la révolution. Ce second manuscrit renferme en outre *l'office de saint Léger évêque
et martyr, feste des prêtres de Saint-Jacques*, et *l'office
propre de saint Eloy.* Le troisième est l'office *rédigé et
traduit en français par les soins de M. Jean-Baptiste-
Emmanuel Crimet, curé de ladite paroisse* : « Composer,
ou trouver tout préparé, dit M. l'abbé Crimet à ses paroissiens, un Office propre pour la fête patronale de

votre paroisse, tel a été, depuis plus de trente années, le
vœu de mes vénérables prédécesseurs. Le goût sévère
de M. Cauchy l'a empêché de vous livrer le fruit de ses
recherches; son successeur, M. Cauët, enlevé trop tôt à
l'amour de ses ouailles, n'a pas eu le loisir de réaliser
ce projet. Plus heureux qu'eux, je bénis le ciel de ce
qu'il m'est donné de pouvoir offrir à votre piété ce
qu'elle attendait depuis si longtemps. J'ai appelé à mon
aide le zèle et les lumières de plusieurs ecclésiastiques
respectables, notamment de M. l'abbé Voclin, vicaire
général d'Amiens ; et un office particulier pour votre
fête patronale a été présenté à Mgr l'évêque, qui a dai-
gné l'honorer de son approbation (1). »

M. l'abbé Crimet a rendu ainsi justice aux travaux
préparatoires de ses prédécesseurs, mais, dans son désir
de la rendre, il a oublié un peu trop l'ancien office du
dix-huitième siècle (et remontant plus haut sans doute),
office que ses prédécesseurs MM. Cauchy et Cauët ont
eu sûrement entre les mains et qu'il a eu seulement
après eux à ordonner et à reproduire.

Nous avons noté sommairement par un mot « ce qui
regarde, dans le premier de nos manuscrits, la confrérie
des agonisants », voici les divisions de cette partie du
manuscrit :

1° *Indulgences accordées à la confrérie de Notre-
Dame des agonisans érigée dans la paroisse du Saint*

____

(1) Effectivement l'approbation épiscopale est en tète du livre et
porte la date du quatorzième jour du mois de mars de l'an de N S.
mil huit cent trente-six.

Sépulcre à Abbeville au diocèse d'Amiens par notre saint père le Pape Clément XI, sous le nom du Saint Viatique et des agonisans.

Pour servir de monument perpétuel. Ayant appris que dans l'église de Saint Sépulcre d'Abbeville il est érigé ou se doit ériger etc . . . . Donné à Rome à Sainte Marie Majeure sous l'anneau du pécheur le dix—huitième jour de novembre mil sept cent dix-neuf, de notre pontificat dix neuf.

F. CARD. OLIVERIUS (1).

APPROBATION DE L'ORDINAIRE.

Pierre, par la grâce de Dieu et du Saint-Siége apostolique, évêque d'Amiens, ayant vu les lettres de Notre Saint Père le Pape cy-dessus transcriptes, touchant les indulgences. Nous avons permis de les publier selon leur teneur, et nous assignons les cinq festes de la sainte Vierge, sçavoir de la Purification, de l'Annonciation, de l'Assomption, de la Nativité et de la Conception, dont une sera choisie par M. le curé pour la principale feste de ladite confrérie. Donné à Amiens, le second jour de janvier mil sept cent vingt.

PIERRE, *évêque d'Amiens.*

Par le commandement de Monseigneur,

LA PIERRE.

(1) Je copie ainsi que porte le Ms. pour les noms propres comme pour le reste.

2° Autre indulgence accordée à ladite confrérie par Notre Saint Père le Pape Clément XI : Pour servir de monument perpétuel. Étant appliqué et attentif au salut de tout le monde, etc. . . . .
. . . . . Donné à Rome à Sainte-Marie-Majeure, sous l'anneau du pasteur, le dix-huitième de novembre mil sept cent dix—neuf, la dix-neuvième de notre pon—tificat.

F. CARD. OLIVERIUS.

APPROBATION DE L'ORDINAIRE.

Nous, évêque d'Amiens, etc . . . . . Donné à Amiens, le deuxième jour de janvier mil sept cent vingt.

PIERRE, *évêque d'Amiens.*

Par le commandement, etc.

3° Articles des obligations des confrères et consœurs du très—saint Viatique et des agonisants.

« Ce jourd'hui sixième aoust 1719 se sont présentés par devant nous Mᵉ Charles Becquin Dufrenelle, curé de Saint—Sepulcre et doyen de chrétienté, plusieurs paroissiens pleins de zèle et armés de charité qui nous ont demandé la permission d'établir la confrérie des agonisants pour le bien et l'avantage de toute la paroisse ; pourquoy nous avons dressé plusieurs articles ainsi qu'il ensuit.   . . . . . »

Suivent onze articles.

4° Prières pour la recommandation des âmes agonisantes (plusieurs pages).

5° *Missa de quinque plagis Domini nostri.*

Je regrette de ne pouvoir donner encore la liste des curés du Saint–Sépulcre. M. l'abbé Dairaine n'avait pas fini de la dresser, lorsqu'il me remit celles des autres paroisses de la ville. Je ne sais s'il me sera possible de suppléer un jour par mes rencontres aux recherches du patient abbé (1).

Je rencontre aujourd'hui, en remontant au plus haut, Willaume, curé du Saint–Sépulcre, avril 1225. Le nom de ce curé a été extrait par le m" Le Ver, du *Cartulaire de l'hôtel-Dieu de Saint-Riquier.* Ce Willaume était-il le même que le Guillaume, prêtre, fondateur, en 1231, de

(1) L'heureuse fortune qui m'apporte dans *la Picardie* la notice de M. l'abbé Lefèvre vient à mon aide, je demande la permission à M. l'abbé Lefèvre de lui emprunter cette *liste de quelques curés du Saint-Sépulcre.*

« Guillaume de Visme, vers 1206. Il s'intitule doyen d'Abbeville « dans une fondation que nous avons rapportée plus haut. » (Nous avons nous-même emprunté à M. Lefèvre cette indication.) M. Lefèvre pense que ce Guillaume de Visme est le doyen de chrétienté nommé Willame, à la date 1211, par le P. Ignace.

« Philippe Boulanger, vers 1568.

« Gabriel Clément, vers 1599. Il est fait mention de ces deux « noms dans les registres de catholicité, conservés au bureau de « l'état civil d'Abbeville.

« Daniel Guernu, 1640 à 1685. Il était conseiller, aumônier et « prédicateur ordinaire de Sa Majesté, d'après les mêmes registres.

« Charles Becquin du Fresnel, 1685 à 1726. Nommé doyen en « 1715. Il légua en mourant, en 1726, une rente de 105 livres à « prendre sur la communauté des marchands de vin, en faveur des « pauvres. Il lègue ses livres à la bibliothèque de la ville avec une « rente de 30 livres pour son entretien.

« Jean Lesueur, 1726 à 1729. Il fut vicaire de cette paroisse, « puis curé de Saint-Jean des Prés et de Saint-Eloy.

« Jean-Charles Lesueur, 1729-49. Licencié en théologie, doyen « de chrétienté en 1739. Il meurt en 1749, en faisant plusieurs legs

l'hôpital du Saint-Esprit ? Il y a grande vraisemblance à notre avis (1).

Parmi les anciens curés du Sépulcre il faut citer Charles Becquin, sieur du Fresnel, de la famille municipale de Becquin, mort le 8 mars 1726, et qui fit rebâtir à ses frais le presbytère de la paroisse. — *Mss. de M. Siffait.* Charles Becquin, qui aimait les livres, n'était cependant que bachelier en théologie.

Je dois à l'obligeance de M. l'abbé Dufourny, vicaire de la paroisse, quelques renseignements sur les curés depuis quatre-vingts ans.

» Pendant la révolution M. le doyen Deunet demeura caché chez mademoiselle de Boffles, dans la maison (rue du Fossé) qui devint la maison des Frères de la Doctrine chrétienne avant la construction de celle qu'ils occupent maintenant. De cette maison M. Deunet pouvait voir l'église dans laquelle il lui était interdit d'entrer. Il y avait en ce temps un curé assermenté connu dans la paroisse sous le nom de Grand Pierre. A la réou-

« en faveur des frères de la Doctrine chrétienne et des sœurs de
« Saint-Joseph.

« Vuateblé, 1749-53. Docteur de Sorbonne. Démissionnaire en
« 1753, pour être théologal de la cathédrale de Boulogne.

« Joseph Petit, 1753-74. Démissionnaire en 1774 pour être cha-
« noine de Saint-Vulfran.

« Pierre-Antoine Deunet, 1774. Doyen de chrétienté en 1780. »

Ici finit la liste donnée par M. l'abbé Lefèvre. Elle se trouve complétée dans le texte supérieur par celle qu'a bien voulu me fournir M. l'abbé Dufourny.

(1) Il doit y avoir cependant une succession de Guillaume. Guillaume en 1206, Willame (peut-être) en 1211, Guillaume en 1225, Guillaume en 1231, il est impossible que tous ces Guillaume ne soient qu'un seul homme.

verture des églises, M. Deunet reprit ses fonctions. Dans
sa vieillesse il eut d'abord pour coadjuteur M. Becquet,
puis M. Cauchy (1804) qui ne tarda pas à lui succéder.
Mais dans les Cent jours, M. Cauchy, qui avait démé-
rité du parti de l'empire pour certaines paroles violentes
prononcées en chaire à Saint-Vulfran dans le service du
21 janvier (anniversaire de la mort de Louis XVI), crut
devoir se cacher chez Mlle Noizeux, rue des Teintu-
riers. M. Cauchy mourut en novembre 1828. Son successeur M. Cauët ne fit que passer. Il mourut en 1830.
M. Cauët eut pour successeur M. Crimet mort en 1852.
M. Crimet était déjà en 1836 chanoine honoraire de la
cathédrale d'Amiens. A M. Crimet succéda M. Carpentier, mort en 1866. Le curé maintenant en fonctions
est M. Coyette ».

La grande fête de l'église du Saint-Sépulcre est célé-
brée tous les ans le 15 juillet, en mémoire de la déli-
vrance du tombeau de Jésus-Christ par l'entrée de Godefroy de Bouillon dans Jérusalem, le même jour de
l'année 1099. Nous n'avons eu pour cette constatation
d'un usage de vieille date qu'à reprendre les paroles
mêmes du P. Ignace *(Hist. ecclésiastique*, p. 137).

La paroisse du Saint-Sépulcre resta longtemps, de
toutes celles de la ville, la plus scrupuleusement rivée
aux menus travers, aux petites pratiques, et un certain
Lefebvre, ancien juge de paix et curieuse mine de poète,
fit sur elle, vers 1810, une satire qui mit fort en émoi
les bonnes âmes du quartier. Nous avons retrouvé une
copie de cette satire qui existe encore manuscrite entre
les mains de quelques personnes et nous en risquerons

des extraits dans notre histoire littéraire d'Abbeville.

Il n'y a pas de quartier de la ville qui ait obtenu plus de fois l'honneur de la monographie. Le poëte Lefebvre l'a raillé dans la *Titisserie*. Comme compensation M. De Poilly lui a consacré élogieusement, sous le titre de Fête du Saint-Sépulcre, deux articles du *Franc-Picard* (n°⁵ 17 et 18). *Consacré* est de style Prudhomme, mais de langage classique aussi, et le classique et savant pédagogue n'eut pas renié le mot. Paroissien du Sépulcre, il avait voulu pieusement donner, en opposition à son confrère en poésie (?) et en épigrammes, Lefebvre, une équitable étude morale du quartier et des habitudes des habitants.

1629. — ABBEVILLE IMPRIMERIE BRIEZ, C. PAILLART ET RETAUX.

www.ingramcontent.com/pod-product-compliance
Ingram Content Group UK Ltd.
Pitfield, Milton Keynes, MK11 3LW, UK
UKHW021715130726
13696UKWH00004B/1842